Impressum
Verlag: BABADADA GmbH, Nedderfeld 112 , 22529 Hamburg
Geschäftsführer / Verlagsleitung: Harald Hof
Druck: Books on Demand GmbH, In de Tarpen 42, 22848 Norderstedt

Imprint
Publisher: BABADADA GmbH, Nedderfeld 112 , 22529 Hamburg, Germany
Managing Director / Publishing direction: Harald Hof
Print: Books on Demand GmbH, In de Tarpen 42, 22848 Norderstedt, Germany

escuela

اسکول

aula
کمرہ جماعت
dividir
تقسیم کریں
186/2
mesa
بورڈ
patio de escuela
سکول کا صحن
docente
اُستاد
papel
کاغذ
escribir
لکھنا
bolígrafo
قلم
escritorio
میز
regla
پیمانہ
libro
کتاب
alumno
شاگرد

mochila escolar

بستہ

caja de lápices

پینسل کیس

lápiz

پینسل

sacapuntas

پینسل شارپنر

goma de borrar

ربڑ

bloc de dibujo

ڈرائنگ پیڈ

dibujo
....
ڈرائنگ

pincel
....
پینٹ برش

caja de pinturas
....
پینٹ باکس

tijera
....
قینچی

pegamento
....
گوند

libro de ejercicios
....
مشق کی کاپی

tarea
....
ہوم ورک

12

número
....
ہندسہ

2+2

sumar
....
جمع کریں

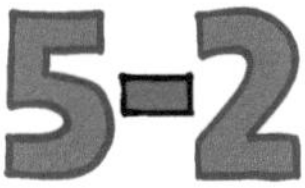

5-2

restar
....
منفی کریں

2×2

multiplicar
....
ضرب دیں

calcular
....
شمارکریں

A

letra
....
خط

ABCDEFG
HIJKLMN
OPQRSTU
VWXYZ

alfabeto
....
حروف تہجی

palabra
....
لفظ

texto

متن

leer

پڑھنا

tiza

چاک

lección

سبق

libro de clase

اندراج

examen

امتحان

certificado

سند

uniforme escolar

سکول یونیفارم

educación

تعلیم

enciclopedia

انسائیکلوپیڈیا

universidad

یونیورسٹی

microscopio

خورد بین

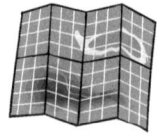

mapa

نقشہ

cesto de papeles

ویسٹ پیپر باسکٹ

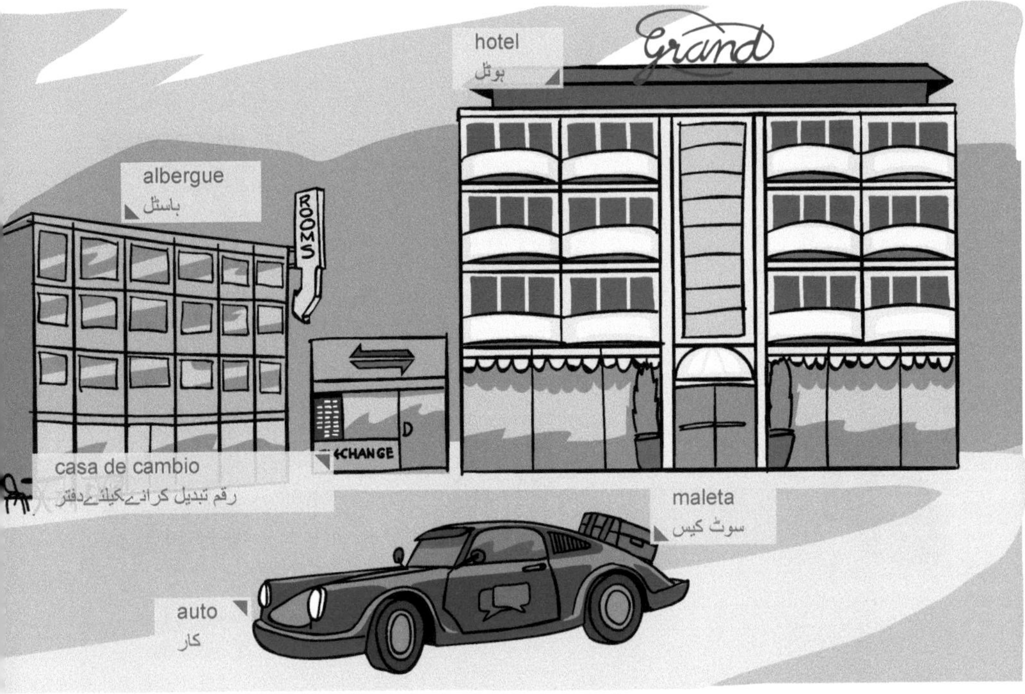

Grand
hotel
ہوٹل
albergue
ہاسٹل
ROOMS
CHANGE
casa de cambio
رقم تبدیل کرانے کیلئے دفتر
maleta
سوٹ کیس
auto
کار

idioma

زبان

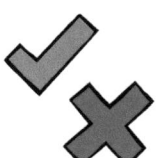

sí / no

ہاں / نہیں

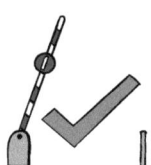

ok

ٹھیک ہے

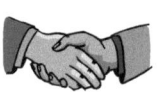

hola

ہیلو

intérprete

مُترجم

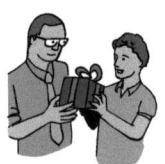

gracias

شُکریہ

¿Cuánto cuesta...?

‫۔۔۔ کی کیا قیمت ہے؟‬

No entiendo

‫میں نہیں سمجھتا‬

problema

‫مشکل‬

¡Buenas tardes!

‫شام بخیر!‬

¡Buenos días!

‫صبح بخیر!‬

¡Buenas noches!

‫شب بخیر!‬

adiós

‫الوداع‬

dirección

‫سمت‬

equipaje

‫سفری سامان‬

bolso

‫بیگ‬

mochila

‫بیگ پیک‬

invitado

‫مہمان‬

cuarto

‫کمرہ‬

saco de dormir

‫سلیپنگ بیگ‬

tienda de campaña

‫ٹینٹ‬

información al turista

سیاحوں کے لئے معلومات

playa

ساحل

tarjeta de crédito

کریڈٹ کارڈ

desayuno

ناشتہ

almuerzo

لنچ

cena

ڈنر

pasaje

ٹکٹ

ascensor

لفٹ

sello

مُہر

límite

سرحد

aduana

کسٹمز

embajada

سفارت خانہ

visa

ویزا

pasaporte

پاسپورٹ

transporte
نقل وحمل

avión
ہوائی جہاز
barco
سمندری جہاز
coche de bomberos
آگ بُجھانے والی گاڑی
bus
بس
camión
ٹرک
lancha a motor
موٹربوٹ
bicicleta
سائیکل
auto
کار

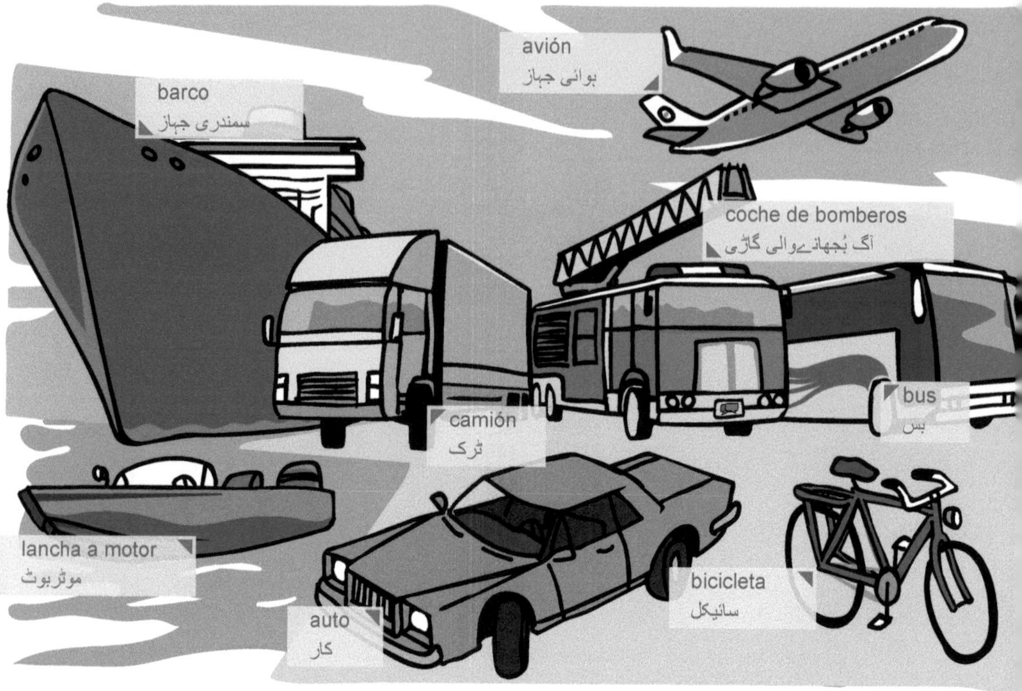

balsa
فیری

lancha
کشتی

motocicleta
موٹرسائیکل

auto de policía
پولیس کار

auto de carreras
ریسنگ کار

auto de alquiler
کرایہ پرکار

alquiler de autos

کار کا اشتراک کرنا

grúa

کھینچنے والا ٹرک

vehículo recolector de basura

کوڑے والا ٹرک

motor

کار

gasolina

ایندھن

gasolinera

پٹرول اسٹیشن

señal de tráfico

ٹریفک کے نشانات

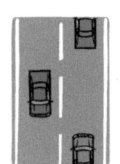

tránsito

ٹریفک

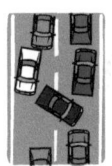

atasco

ٹریفک جام

estacionamiento

کار پارک

estación de tren

ٹرین اسٹیشن

carril

پٹڑیاں

tren

ٹرین

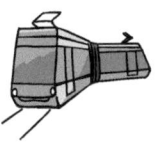

tranvía

ٹرام

vagón

ویگن

helicóptero

ہیلی کاپٹر

aeropuerto

ائرپورٹ

torre

ٹاور

pasajero

مسافر

contenedor

کنٹینر

caja de cartón

ڈبہ

carro

ریڑھا

cesta

ٹوکری

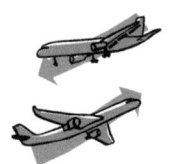

despegar / aterrizar

اُڑان بھرنا / زمین پراُترنا

ciudad

شہر

aldea

گاؤں

centro de la ciudad

سٹی سنٹر

casa

مکان

cine
سنیما
publicidad
اشتہار
CINEMA
farol
اسٹریٹ لیمپ
calle
گلی
taxi
ٹیکسی
kiosco
اسنیک شاپ
peatón
پیدل چلنے والا
acera
پُختہ راستہ
cruce
پارکرنےکی جگہ
paso de cebra
زیبرا کراسنگ
cubo de la basura
بن
semáforo
ٹریفک لائٹس

cabaña

ہٹ

apartamento

فلیٹ

estación de tren

ٹرین اسٹیشن

ayuntamiento

ٹاؤن ہال

museo

عجائب گھر

escuela

اسکول

universidad

یونیورسٹی

banco

بینک

hospital

ہسپتال

hotel

ہوٹل

farmacia

فارمیسی

oficina

دفتر

librería

کتابوں کی دکان

negocio

دکان

florería

پھولوں کی دُکان

supermercado

سُپرمارکیٹ

mercado

مارکیٹ

grandes almacenes

ڈیپارٹمنٹ سٹور

pescadería

مچھلی کی دُکان

centro comercial

شاپنگ سنٹر

puerto

بندرگاہ

parque

پارک

banco

بنچ

puente

پُل

escalera

سیڑھیاں

metro

انڈرگراؤنڈ

túnel

سرُنگ

parada de autobuses

بس اسٹاپ

bar

شراب خانہ

restaurante

ریسٹورنٹ

buzón de correo

پوسٹ باکس

letrero

اسٹریٹ سائن

parquímetro

پارکنگ میٹر

zoológico

چڑیا گھر

piscina

سوئمنگ پول

mezquita

مسجد

granja

کھیت

polución

آلودگی

cementerio

قبرستان

iglesia

چرچ

parque infantil

کھیل کا میدان

templo

مندر

paisaje

منظر

hoja
پتہ
indicador de camino
رہنمائی کےلئےلگا ہوا بورڈ
sendero
راستہ
pradera
سبزہ زار
piedra
پتھر
caminante
پیدل چلنےوالا، ہائکر
árbol
درخت
río
دریا
pasto
گھاس
flor
پھول

valle

وادی

montaña

پہاڑی

lago

جھیل

bosque

جنگل

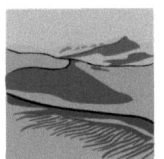

desierto

صحرا

volcán

آتش فشاں

castillo

قلعہ

arco iris

قوس قزح

seta

کھمبی

palmera

کجھورکا درخت

mosquito

مچھر

mosca

مکھی

hormiga

چیونٹی

abeja

مکھی

araña

مکڑا

escarabajo

بھونرا

rana

مینڈک

ardilla

گلہری

erizo

خارپُشت

liebre

خرگوش

lechuza

اُلو

pájaro

پرندہ

cisne

راج ہنس

jabalí

سؤر

ciervo

ہرن

alce

امریکی بارہ سنگھا

embalse

ڈیم

aerogenerador

ہوا سے چلنے والی ٹربائین

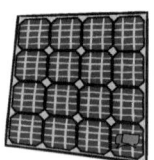

módulo solar

سولرپینل

clima

آب وہوا

restaurante

ریسٹورنٹ

camarero
ویٹر
carta del menú
مینیو
silla
کُرسی
sopa
سوپ
pizza
cubiertos
کٹلری
mantel
ٹیبل کلاتھ

entrada

اسٹارٹر

plato principal

مین کورس

postre

ڈیزرٹ

bebida

مشروبات

comida

کھانےکی اشیاء

botella

بوتل

comida rápida

فاسٹ فوڈ

comida callejera

اسٹریٹ فوڈ

tetera

چائےدانی

azucarera

شوگرباکس

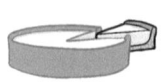

porción

حصہ

máquina de espresso

ایسپریسو مشین

silla alta

اونچی کُرسی

factura

بل

bandeja

ٹرے

cuchillo

چھُری

tenedor

کانٹا

cuchara

چمچ

cuchara de té

چائےکا چمچ

servilleta

سرویئیٹی

vaso

شیشہ

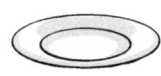

plato

پلیٹ

plato de sopa

سوپ پلیٹ

platillo

طشتری

salsa

چٹنی

salero

سالٹ شیکر

molinillo para pimienta

پیپرمل

vinagre

سرکہ

aceite

خوردنی تیل

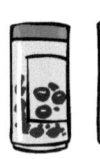

especias

مصالحے

ketchup

کیچپ

mostaza

سرسوں

mayonesa

میئونیز

supermercado

سُپرمارکیٹ

oferta
خصوصی پیشکش
FOR
cliente
productos lácteos
ڈیری
fruta
پھل
carrito de compras
ٹرالی

carnicería

گوشت کی دُکان

panadería

بیکری

pesar

وزن کرنا

verdura

سبزیاں

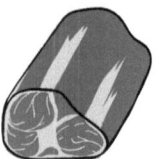

carne

گوشت

alimentos congelados

جما ہوا کھانا

fiambre

کولڈ کٹس

conservas

ڈبے میں بند کھانا

detergente en polvo

واشنگ پاؤڈر

dulces

مٹھائیاں

artículos domésticos

گھریلو مصنوعات

productos de limpieza

صاف کرنے کیلئے مصنوعات

vendedora

سیلز پرسن

caja

کیش رجسٹر

cajero

کیشئیر

lista de compras

خریداری کی فہرست

horario de atención

اوقات کار

cartera

بٹوہ

tarjeta de crédito

کریڈٹ کارڈ

maleta

تھیلا

bolsa plástica

پلاسٹک کے تھیلے

bebida

مشروبات

agua

پانی

jugo

جوس، رس

leche

دودھ

refresco de cola

کوک

vino

وائن

cerveza

بیئر

alcohol

الکوحل

cacao

کوکوآ

té

چائے

café

کافی

espresso

ایسپریسو

cappuccino

کیپاچینو

banana
کیلا

manzana
سیب

naranja
مالٹا

sandía
خربوزہ

limón
لیموں

zanahoria
گاجر

ajo
لہسن

bambú
بانس

cebolla
پیاز

seta
کھُمبی

nueces
اخروٹ، بادام وغیرہ

fideos
نوڈلز

espagueti

اسپیگیٹی

arroz

چاول

ensalada

سلاد

patatas fritas

چپس

patatas salteadas

تلےگئےآلو

pizza

پیزا

hamburguesa

ہیم برگر

sándwich

سینڈوچ

escalope

کٹلیٹ

jamón

سؤرکی ران کا گوشت

salame

گوشت کی اطالوی ساسیج

embutido

ساسیج

pollo

مُرغی

asado

روسٹ

pescado

مچھلی

copos de avena

جئی کا دلیہ

musli

میوزلی

copos de maíz tostado

کارن فلیکس

harina

آٹا

croissant

کروئیسنٹ

panecillo

بریڈ رول

pan

بریڈ

tostada

ٹوسٹ

galletas

بسکٹ

mantequilla

مکھن

cuajada

دہی

pastel

کیک

huevo

انڈا

huevo frito

فرائی کیا گیا انڈہ

queso

پنیر

helado

آئس کریم

azúcar

چینی

miel

شہد

mermelada

جام

praliné

ناؤگٹ کریم

curry

سالن

granja

کھیت

casa de labranza
فارم ہاؤس
paca de paja
تنکوں کی گانٹھ
pajar
کھلیان
campo
caballo
گھوڑا
remolque
ٹریلر
tractor
ٹریکٹر
potro
گھوڑے کا بچہ
asno
گدھا
oveja
بھیڑ
cordero
میمنہ

cabra
بکری

vaca
گائے

ternero
بچھڑا

cerdo
سؤر

lechón
سؤر کا بچہ

toro
سانڈ

ganso

راج ہنس

pato

بطخ

polluelo

چوزہ

pollo

مُرغی

gallo

مُرغا

rata

چوہا

gato

بلی

ratón

چوہا

buey

بیلچہ

perro

کُتا

caseta del perro

کُتے کا گھر

manguera de riego

گارڈن ہاؤس

regadera

پانی کا کین

guadaña

درانتی

arado

ہل

hoz

درانتی

azada

بیلچہ

bieldo

ترنگل

hacha

کلہاڑا

carretilla

ہتہ گاڑی

abrevadero

حوض

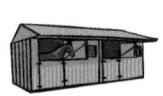

lechera

دودھ کا کین

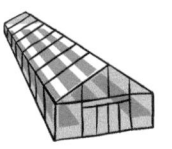

saco

تھیلا

cerca

باڑ

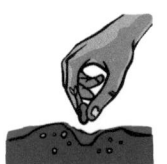

establo

اصطبل

invernadero

گرین ہاؤس

suelo

مٹی

semilla

بیج

fertilizante

فرٹیلائیزر

cosechadora

کمبائن ہارویسٹر

cosechar

فصل کاٹنا

cosecha

فصل کاٹنا

raíz de ñame

افریقی آلو

trigo

گندم

soja

سویا

patata

آلو

maíz

مکئی

colza

توریا کا تیل

Árbol frutal

پھلداردرخت

mandioca

کساوا

cereales

دلیہ

casa
مکان

chimenea
چمنی
techo
چھت
canalón
نیچے جانے والا پائپ
ventana
کھڑکی
garaje
گیراج
timbre
دروازے کی گھنٹی
puerta
دروازہ
cubo de la basura
کوڑے کی ٹوکری
buzón de correo
لیٹرباکس
jardín
گارڈن

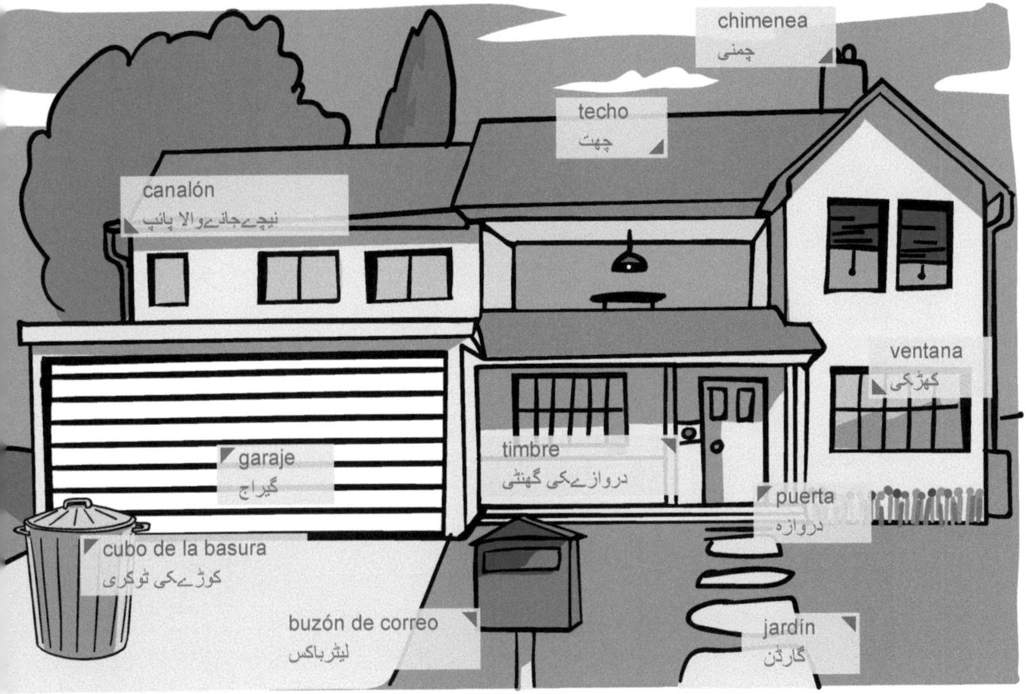

cuarto de estar

لوونگ روم

cuarto de baño

غُسل خانہ

cocina

باورچی خانہ

dormitorio

بیڈروم

cuarto de los niños

بچوں کا کمرہ

comedor

کھانے کا کمرہ

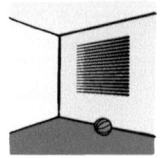

piso

فرش

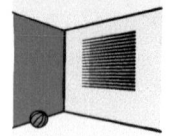

pared

دیوار

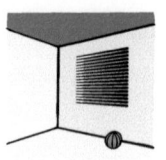

cielorraso

چھت

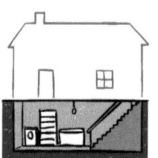

sótano

تہ خانہ

sauna

سوانا

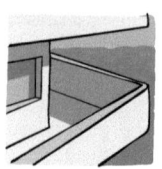

balcón

بالکونی

terraza

ٹیریس

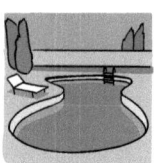

piscina

پول

cortacésped

گھاس کاٹنے کی مشین

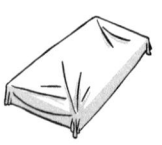

funda nórdica

چادر

edredón

چادر

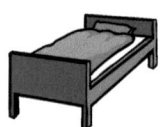

cama

بستر

escoba

جھاڑو

cubo

بالٹی

interruptor

سوئچ

cuarto de estar
لوونگ روم

papel para empapelar
وال پیپر
imagen
تصویر
lámpara
لیمپ
estante
شیلف
gabinete
الماری
televisor
ٹیلی ویژن
hogar
آتش دان
flor
پھول
cojín
کُشن
sofá
صوفہ
florero
گلدان
control remoto
ریموٹ کنٹرول

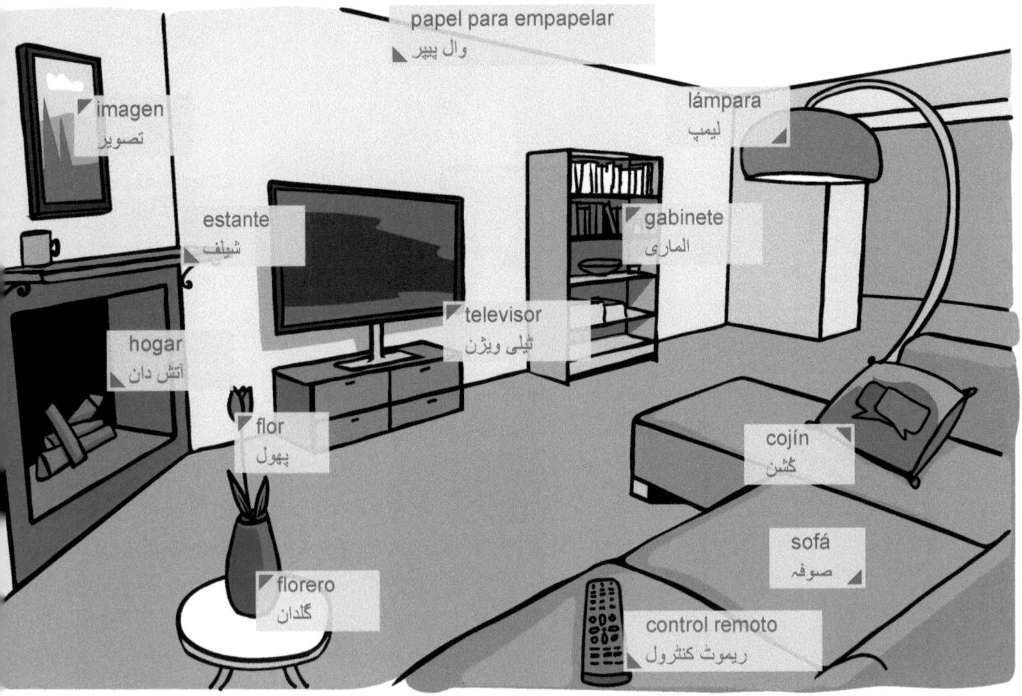

alfombra
قالین

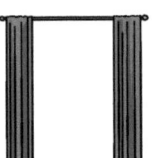

cortina
پردے

mesa
میز

silla
کُرسی

mecedora
ہلنےوالی کُرسی

sillón
آرام کُرسی

libro

کتاب

frazada

کمبل

decoración

آرائش

leña

جلانےکی لکڑی

film

فلم

equipo estereofónico

ہائی فائی

llave

چابی

periódico

اخبار

cuadro

پینٹنگ

póster

پوسٹر

radio

ریڈیو

bloc de notas

نوٹ بُک

aspiradora

ویکیوم کلینر

cactus

کیکٹس

vela

موم بتی

cocina

باورچی خانہ

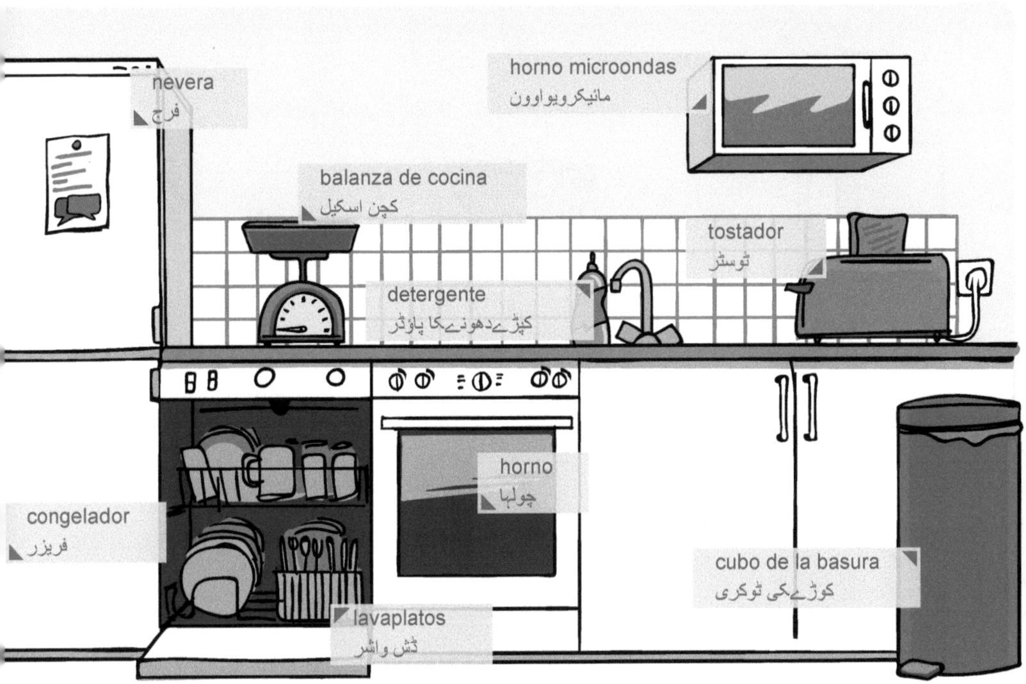
nevera
فرج
horno microondas
مائیکروویواوون
balanza de cocina
کچن اسکیل
tostador
ٹوسٹر
detergente
کپڑے دھونے کا پاؤڈر
horno
چولہا
congelador
فریزر
cubo de la basura
کوڑے کی ٹوکری
lavaplatos
ڈش واشر

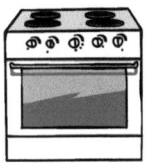

cocina
....
ڈکر

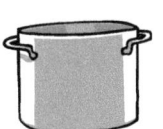

olla
....
برتن

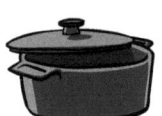

olla de fundición de hierro
....
لوہے کا برتن

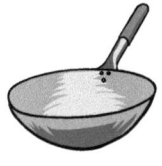

wok / kadai
....
کڑاہی

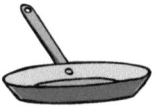

sartén
....
برتن

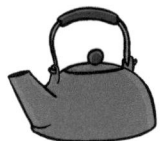

hervidor de agua
....
کیتلی

olla de vapor
....
اسٹیمر

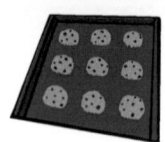

bandeja de horno
....
بیکنگ ٹرے

vajilla
....
کراکری

vaso
....
مگ

bol
....
پیالہ

palillos para comer
....
چاپ اسٹکس

cucharón de sopa
....
ڈوئی

espátula
....
کفچہ

batidor
....
جھاڑودینا

colador
....
مقطر

cedazo
....
چھلنی

rallador
....
گریٹر

mortero
....
کونڈی

parrillada
....
باربی کیو

fogata
....
کھُلی آگ

tabla de picar

چاپنگ بورڈ

rodillo

بیلن

sacacorchos

کارک اسکریو

lata

کین

abrelatas

کین اوپنر

agarrador

برتن پکڑنےوالا کپڑا

fregadero

سنک

cepillo

برش

esponja

اسپونج

batidora

بلینڈر

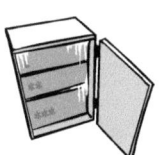

arcón congelador

ڈیپ فریز

biberón

بچےکی بوتل

grifo

ٹونٹی

cuarto de baño

غُسل خانہ

calefacción
ہیٹنگ
ducha
شاور
toalla
تولیہ
cortina para ducha
شاور کرٹن
baño de espuma
ببل باتھ
bañera
باتھ ٹب
vaso
lavadora
واشنگ مشین
grifo
ٹونٹی
baldosa
ٹائلیں
orinal
پاٹی
fregadero
سنک

cuarto de baño

ٹائلٹ

placa turca

دوزانوں بیٹھنے والی ٹائلٹ

bidé

نچلا حصہ دھونے کیلئے پاٹ

urinario

پیشاب گاہ

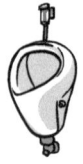

papel higiénico

ٹائلٹ پیپر

escobilla para el cuarto de baño

ٹائلٹ برش

cepillo de dientes

ٹوتھ برش

pasta dentífrica

ٹوتھ پیسٹ

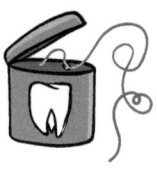

seda dental

ڈینٹل فلاس

lavar

دھونا

ducha teléfono

ہینڈ شاور

ducha higiénica

شاور

cuenco

بیسن

cepillo para la espalda

بیک برش

jabón

صابن

gel de ducha

شاورجل

champú

شیمپو

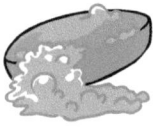

manopla para baño

فلالین

desagüe

ڈرین

crema

کریم

desodorante

ڈیوڈورنٹ

espejo

آئینہ

espejo de maquillaje

ہاتھ میں پکڑا جانےوالا آئینہ

máquina de afeitar

ریزر

espuma de afeitar

شیونگ فوم

loción para después del afeitado

آفٹر شیو

peine

کنگھی

cepillo

برش

secador para cabello

ہیئرڈرائر

laca de peinado

ہیئر اسپرے

maquillaje

میک اپ

lápiz labial

لپ اسٹک

laca para uñas

نیل وارنش

algodón

روئی

tijera para uñas

ناخن کاٹنےکی قینچی

perfume

پرفیوم

neceser

واش بیگ

taburete

پاخانہ

balanza

وزن کرنےکی مشین

bata de baño

باتھ روب

guantes de goma

ربڑکےدستانے

tampón

ٹیمپون

compresa

سینیٹری ٹاول

wáter químico

کیمیکل ٹائلٹ

cuarto de los niños

بچوں کا کمرہ

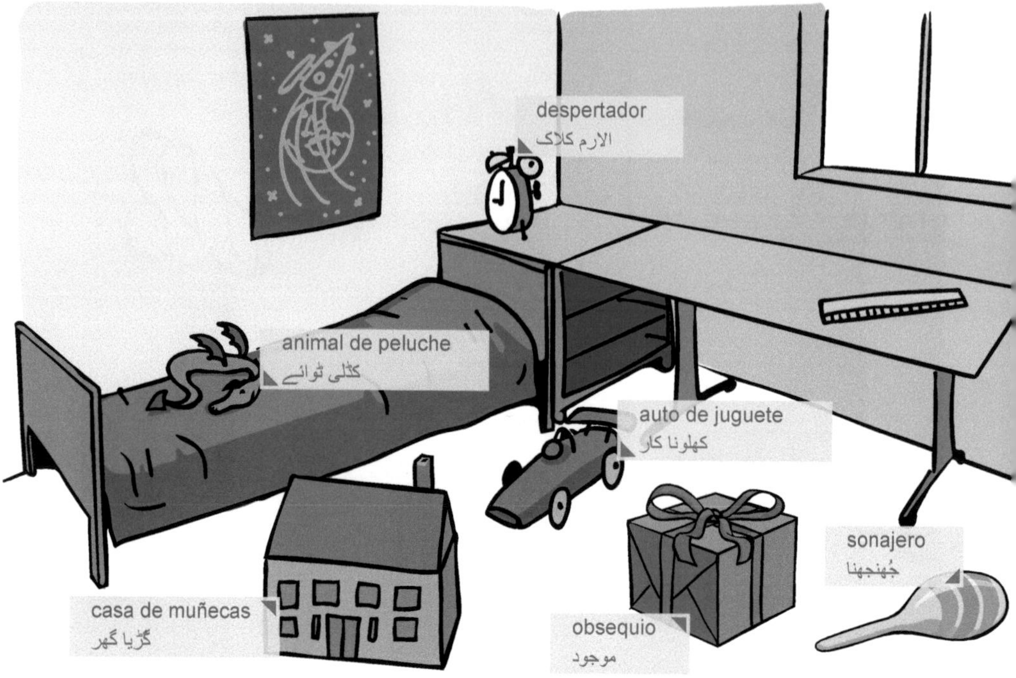

despertador
الارم کلاک
animal de peluche
کڈلی ٹوائے
auto de juguete
کھلونا کار
sonajero
جُھنجھنا
casa de muñecas
گڑیا گھر
obsequio
موجود

globo

غبارہ

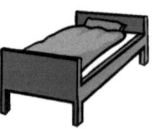

cama

بستر

cochecito para niños

پرام

juego de barajas

ڈیک آف کارڈز

rompecabezas

جگسا

cómic

کامک

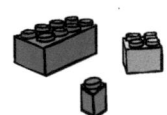

piezas de Lego

لیگوبرکس

bloques para jugar

کھلونا بلاکس

figura de acción

ایکشن فگر

pijama de una pieza

بچےکا لباس

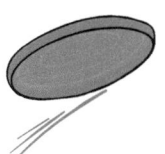

frisbee

فرسبی

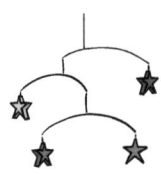

móvil

کھلونا موبائل

juego de mesa

بورڈ گیم

dado

ڈائس

tren eléctrico a escala

ماڈل ٹرین سیٹ

chupete

ڈمی

fiesta

پارٹی

libro de dibujos

تصاویروالی کتاب

pelota

گیند

títere

گڑیا

jugar

کھیلنا

arenero

سینڈ پٹ

columpio

جھولا جھولنا

juguetes

کھلونے

consola de videojuego

وڈیوگیم کنسول

triciclo

تین پہیوں والی سائیکل

osito de peluche

ٹیڈی بیئر

guardarropa

کپڑوں کی الماری

vestimenta

لباس

calcetines

موزے

medias

اسٹاکنگز

panti

ٹائٹس

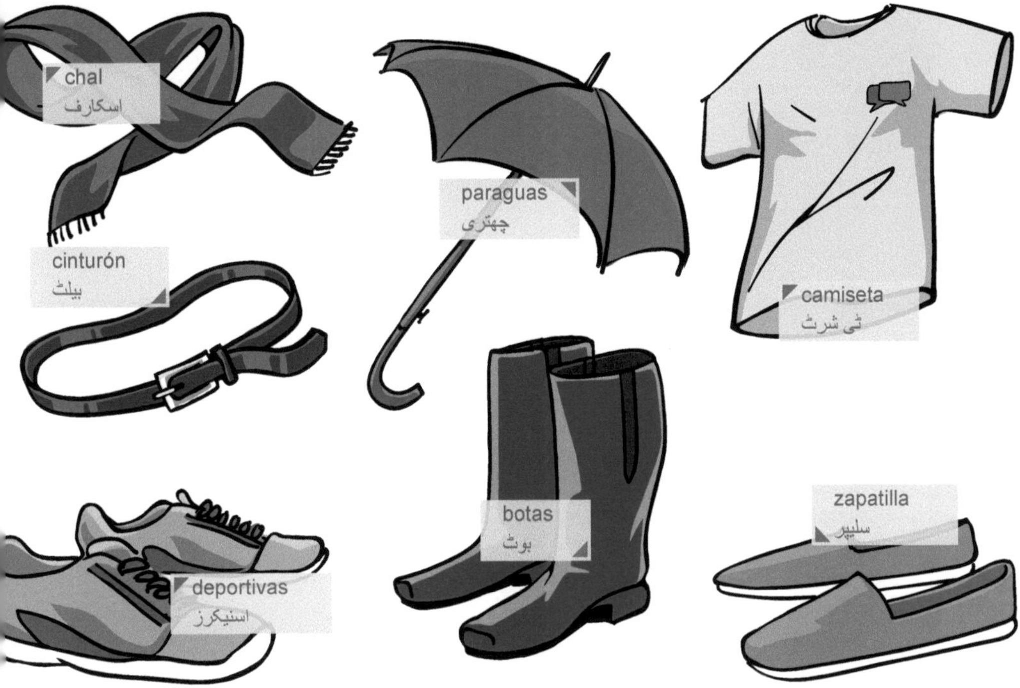

chal
اسکارف

paraguas
چھتری

cinturón
بیلٹ

camiseta
ٹی شرٹ

botas
بوٹ

zapatilla
سلیپر

deportivas
اسنیکرز

sandalias
سینڈل

zapatos
جوتے

botas de goma
ربڑکےبوٹس

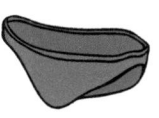

ropa interior
زیرجامہ

corpiño
بریزئیر

camiseta
واسکٹ

body

جسم

pantalón

پتلون

jeans

جینز

falda

اسکرٹ

blusa

بلاؤز

camisa

قمیض

pullover

پُل اوور

sweater

سویٹر

blazer

بلیزر

chaqueta

جیکٹ

abrigo

کوٹ

impermeable

رین کوٹ

traje chaqueta

کوئی خاص لباس

vestido

لباس

vestido de bodas

شادی کا لباس

traje

سوٹ

camisón

نائٹ گاؤن

pijama

پائجامہ

sari

ساڑھی

pañuelo de cabeza

سر پر لیا جانے والا اسکارف

turbante

پگڑی

burka

بُرقع

caftán

کفتان

abaya

عبایہ

traje de baño

تیراکی کا سوٹ

bañador

ٹرنک

shorts

نیکر

chándal

ٹریک سوٹ

delantal

اپرن

guante

دستانے

botón

بٹن

gafa

عینک

brazalete

کنگن

cadena

ہار

anillo

انگوٹھی

aro

کانوں کی بالیاں

gorra

ٹوپی

percha

کوٹ ہینگر

sombrero

ہیٹ

corbata

ٹائی

cierre a cremallera

زپ

casco

ہیلمٹ

tiradores

بریسز

uniforme escolar

سکول یونیفارم

uniforme

وردی

babero

بب

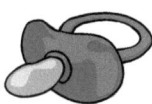

chupete

ڈمی

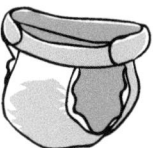

pañal

نیپی

oficina

دفتر

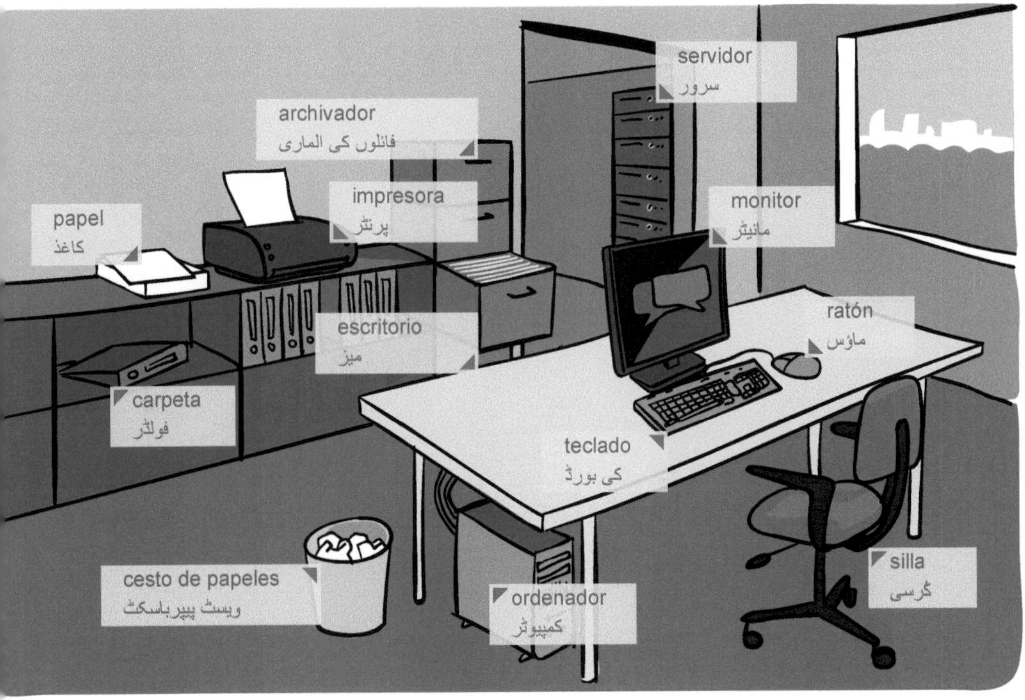

servidor
سرور
archivador
فائلوں کی الماری
impresora
پرنٹر
papel
کاغذ
monitor
مانیٹر
ratón
ماؤس
escritorio
میز
carpeta
فولڈر
teclado
کی بورڈ
cesto de papeles
ویسٹ پیپرباسکٹ
ordenador
کمپیوٹر
silla
کُرسی

taza de café

کافی مگ

calculadora

کیلکولیٹر

internet

انٹرنیٹ

laptop

لیپ ٹاپ

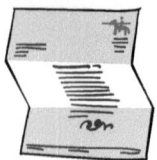

carta

خط

mensaje

پیغام

teléfono móvil

موبائل

red

نیٹ ورک

fotocopiadora

فوٹوکاپئیر

software

سافٹ ویئر

teléfono

ٹیلی فون

tomacorriente

پلگ ساکٹ

máquina de fax

فیکس مشین

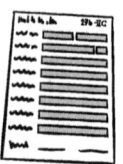

formulario

فارم

documento

دستاویز

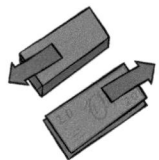

comprar

خریدنا

pagar

ادائیگی کرنا

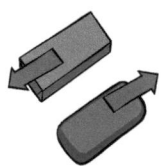

comerciar

تجارت کرنا

dinero

رقم

dólar

ڈالر

euro

یورو

yen

ین

rublo

روبل

franco

سوئس فرانک

renminbi

رینمنیبی یوآن

rupia

روپیہ

cajero automático

کیش پوائنٹ

casa de cambio

رقم تبدیل کرانےکیلئےدفتر

oro

سونا

plata

چاندی

petróleo

خام تیل

energía

توانائی

precio

قیمت

contrato

معاہدہ

impuesto

ٹیکس

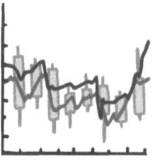

acción

اسٹاک

trabajar

کام کرنا

empleado

ملازم

empleador

آجر

fábrica

فیکٹری

negocio

دکان

ocupaciones
پیشے

bombero
فائرمین
policía
پولیس افسر
cocinero
خانساماں، کُک
médico
ڈاکٹر
piloto
پائلٹ

jardinero

مالی

carpintero

ترکھان

costurera

درزن

juez

جج

químico

کیمسٹ

actor

اداکار

conductor de autobús

بس ڈرائیور

taxista

ٹیکسی ڈرائیور

pescador

مچھیرا

mujer de la limpieza

صفائی کرنےوالی عورت

techista

چھت بنانےوالا

camarero

ویٹر

cazador

شکاری

pintor

پینٹر

panadero

بیکر

electricista

الیکٹریشین

albañil

بلڈر

ingeniero

انجینئیر

carnicero

قصائی

fontanero

پلمبر

cartero

ڈاکیا

soldado

سپاہی

arquitecto

آرکیٹیکٹ

cajero

کیشئیر

florista

پھول بیچنےوالا

peluquero

نائی

cobrador

کنڈکٹر

mecánico

مکینک

capitán

کپتان

odontólogo

ڈینٹسٹ

científico

سائنسدان

rabino

یہودی عالم

imam

امام

monje

راہب

párroco

پادری

herramientas

اوزار

martillo
ہتھوڑا
tenazas
پلائرز
destornillador
پیچ کس
llave de tuercas
رینچ
lámpara de mes
ٹارچ

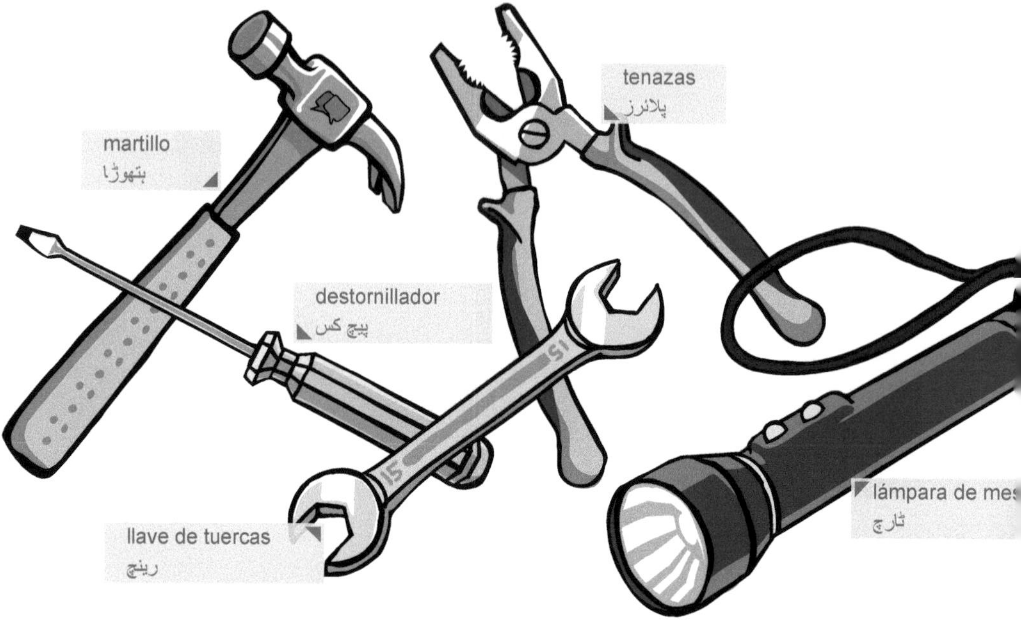

excavadora

ایکسکویٹر

caja de herramientas

ٹول باکس

escalerilla

سیڑھی

serrucho

آری

clavos

کیل

taladro

ڈرل

reparar

مرمت کرنا

pala

بیلچہ

¡Maldición!

لعنت ہو!

recogedor

ڈسٹ پین

lata de pintura

پینٹ پاٹ

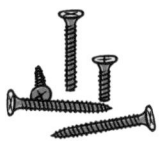

tornillos

پیچ

instrumentos musicales

آلات موسیقی

altavoz
لاؤڈ اسپیکر

batería
ڈرم سیٹ

guitarra
گٹار

contrabajo
ڈبل باس

trompeta
بگل

piano

پیانو

violín

وائلن

bajo

موسیقی کی آواز

timbales

ٹمپانی

tambor

ڈھول، ڈرمز

teclado

کی بورڈ

saxofón

سیکسوفون

flauta

بانسری

micrófono

مائیکروفون

zoológico

چڑیا گھر

entrada
داخلے کا راستہ
tigre
چیتا
jaula
پنجرہ
cebra
زیبرا
comida para animales
جانوروں کا چارہ
panda
پانڈا

animales

جانور

elefante

ہاتھی

canguro

کینگرو

rinoceronte

گینڈا

gorila

گوریلا

oso

ریچھ

camello

اونٹ

avestruz

شُترمُرغ

león

شیر

mono

بندر

flamengo

فلیمنگو

papagayo

طوطا

oso polar

قطبی ریچھ

pingüino

کبوتر

tiburón

شارک

pavo real

مور

serpiente

سانپ

cocodrilo

مگرمچھ

cuidador del zoológico

چڑیا گھر کا محافظ

foca

سیل

jaguar

امریکی تیندوا

pony

ٹٹو

leopardo

چیتا

hipopótamo

دریائی گھوڑا

jirafa

زرافہ

águila

عقاب

jabalí

سؤر

pescado

مچھلی

tortuga

کچھوا

morsa

سمندری گھوڑا

zorro

لومڑی

gacela

غزال ہرن

deporte

کھیلیں

fútbol americano
امریکن فٹ بال
ciclismo
سائیکلنگ
tenis
ٹینس
baloncesto
باسکٹ بال
natación
پیراکی
boxeo
باکسنگ
hockey sobre hielo
آئس ہاکی

fútbol

فٹ بال

badminton

بیڈمنٹن

atletismo

اتھلیٹکس

balonmano

ہینڈ بال

esquí

اسکیئنگ

polo

پولو

actividades

سرگرمیاں

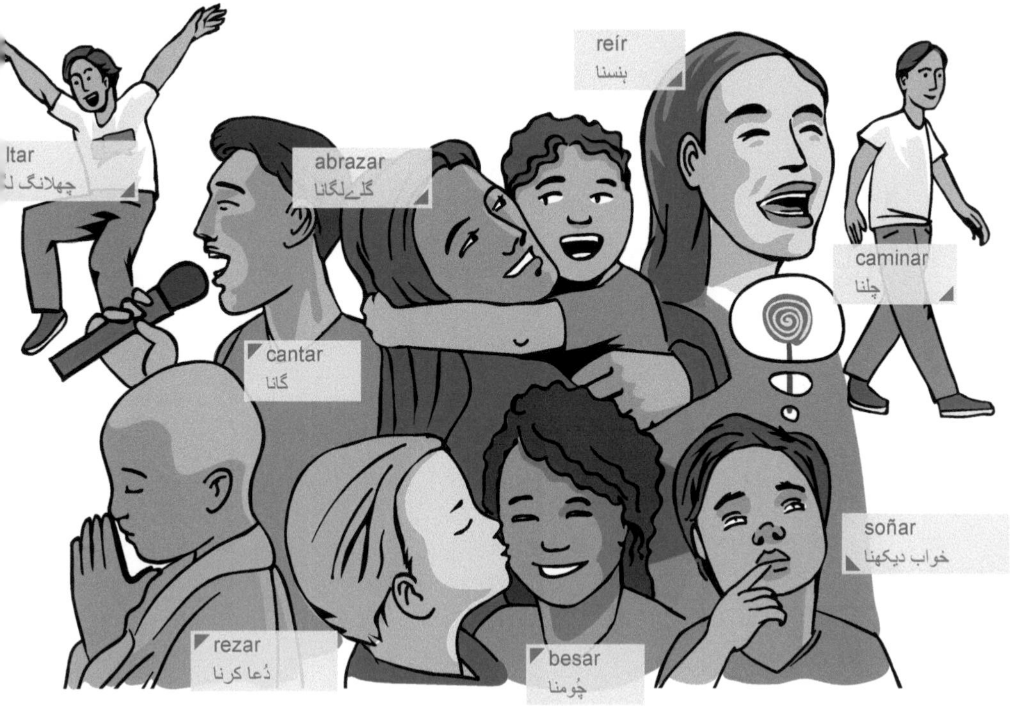

ltar
چھلانگ ل
abrazar
گلے لگانا
reír
ہنسنا
caminar
چلنا
cantar
گانا
soñar
خواب دیکھنا
rezar
دُعا کرنا
besar
چُومنا

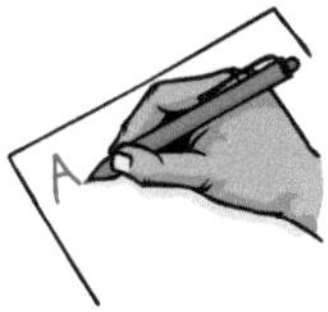
escribir
لکھنا

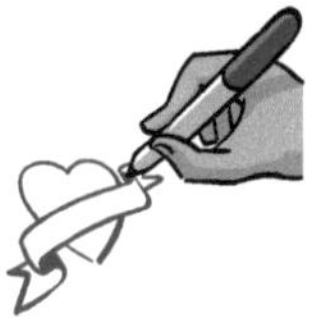
dibujar
تصویرکشی کرنا

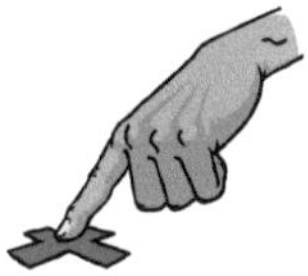
mostrar
دکھانا

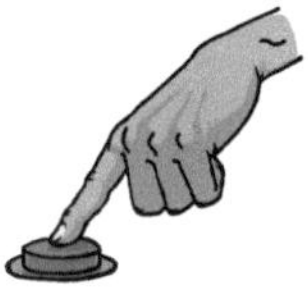
presionar
آگےکی طرف دھکیلنا

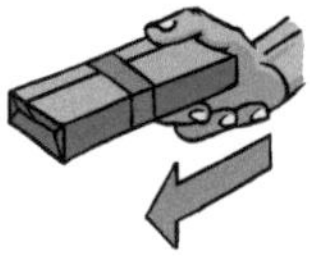
dar
دینا

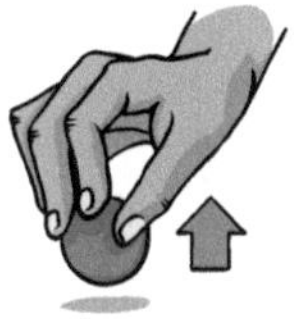
tomar
لینا

tener

رکھنا

hacer

کرنا

ser

ہونا

estar de pie

کھڑا ہونا

correr

دوڑنا

tirar

کھینچنا

arrojar

پھینکنا

caer

گرنا

estar acostado

جھوٹ بولنا

esperar

انتظارکرنا

llevar

اُٹھانا

estar sentado

بیٹھنا

vestirse

ملبوس ہونا

dormir

سونا

despertar

جاگنا

mirar

دیکھنا

llorar

رونا

acariciar

چوٹ لگانا

peinarse

کنگھی کرنا

conversar

بات کرنا

entender

سمجھنا

preguntar

پوچھنا

oír

مُتوجہ ہونا

beber

پینا

comer

کھانا

asear

صاف کرنا

amar

پیارکرنا

cocinar

پکانا

conducir

گاڑی چلانا

volar

اُڑنا

navegar

بحری سفر کرنا

calcular

شمار کریں

leer

پڑھنا

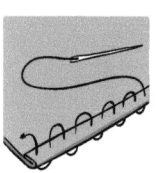

aprender

سیکھنا

trabajar

کام کرنا

casarse

شادی کرنا

coser

سینا

limpiarse los dientes

دانت صاف کرنا

matar

جان سے مار دینا

fumar

تمباکو نوشی کرنا

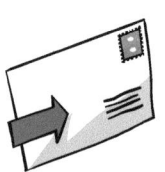

enviar

بھیجنا

familia
خاندان

abuela
دادی
abuelo
دادا
padre
باپ
madre
ماں
bebé
طفل
hija
بیٹی
hijo
بیٹا

invitado
مہمان

tía
چچی

tío
چچا

hermano
بھائی

hermana
بہن

cuerpo

جسم

frente
ماتھا
ojo
آنکھ
hombro
کندھا
dedo
انگلی
cara
چہرہ
barbilla
ٹھوڑی
mano
ہاتھ
pecho
چھاتی
pierna
ٹانگ
brazo
بازو

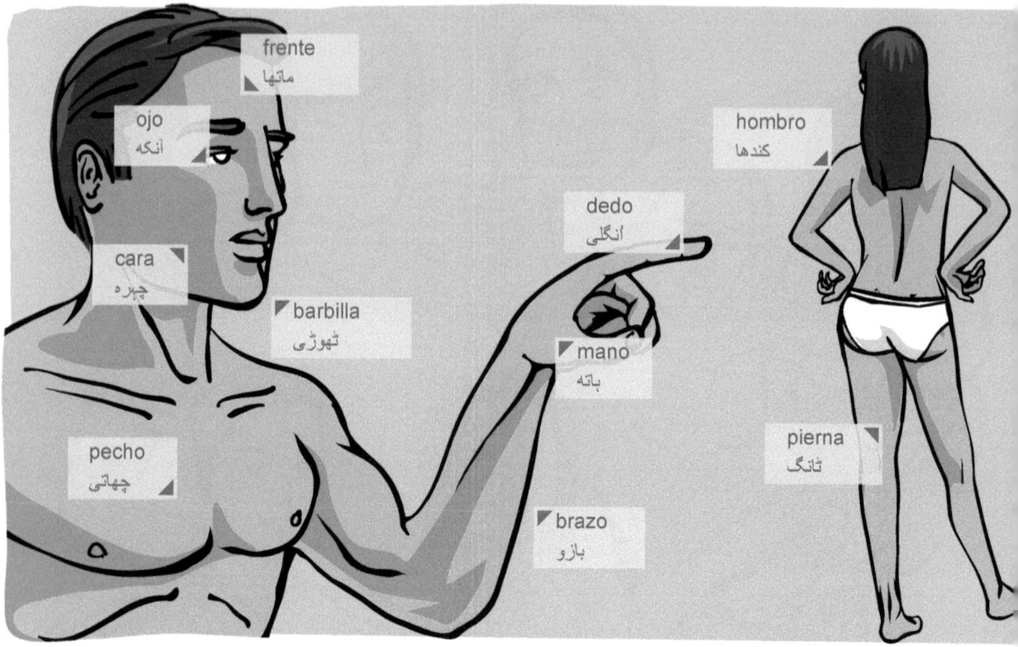

bebé
طفل

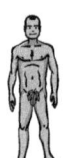

hombre
آدمی

mujer
عورت

muchacha
لڑکی

joven
لڑکا

cabeza
سر

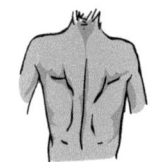

espalda

كمر

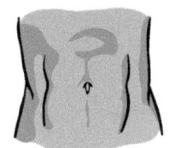

vientre

پیٹ

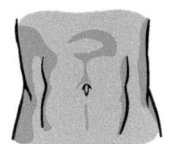

ombligo

ناف

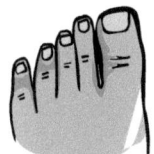

dedo del pie

پاؤں کا انگوٹھا

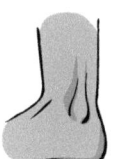

talón

ایڑھی

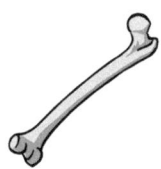

hueso

ہڈی

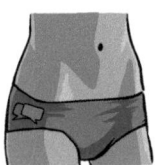

cadera

کولہا

rodilla

گھٹنا

codo

کہنی

nariz

ناک

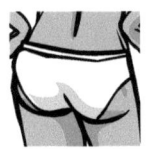

trasero

نچلا حصہ

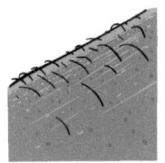

piel

جلد

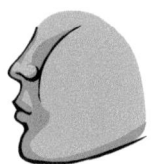

mejilla

گال

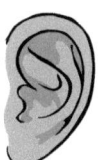

oreja

کار

labio

ہونٹ

boca

مُنہ

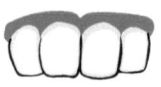

diente

دانت

lengua

زُبان

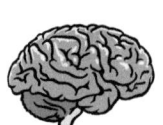

cerebro

دماغ

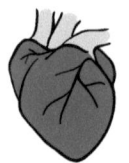

corazón

دل

músculo

پٹھہ

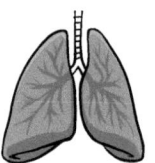

pulmón

پھیپھڑا

hígado

جگر

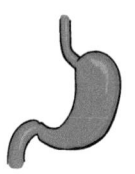

estómago

معدہ

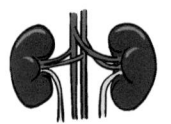

riñones

گردے

relación sexual

جنس

condón

کنڈوم

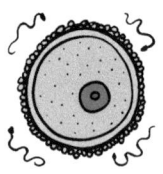

Óvulo

بیضہ

esperma

مادہ منویہ

embarazo

حمل

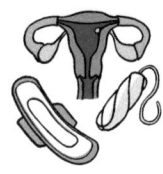

menstruación

حیض

vagina

اندام نهانی

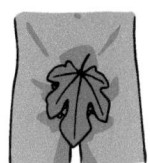

pene

عضوتناسل

ceja

بهنوین

cabello

بال

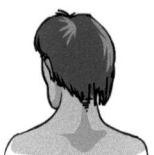

cuello

گردن

hospital
ہسپتال

hospital
ambulancia
ایمبولینس
silla de ruedas
وہیل چیئر
fractura
ہڈی ٹوٹنا

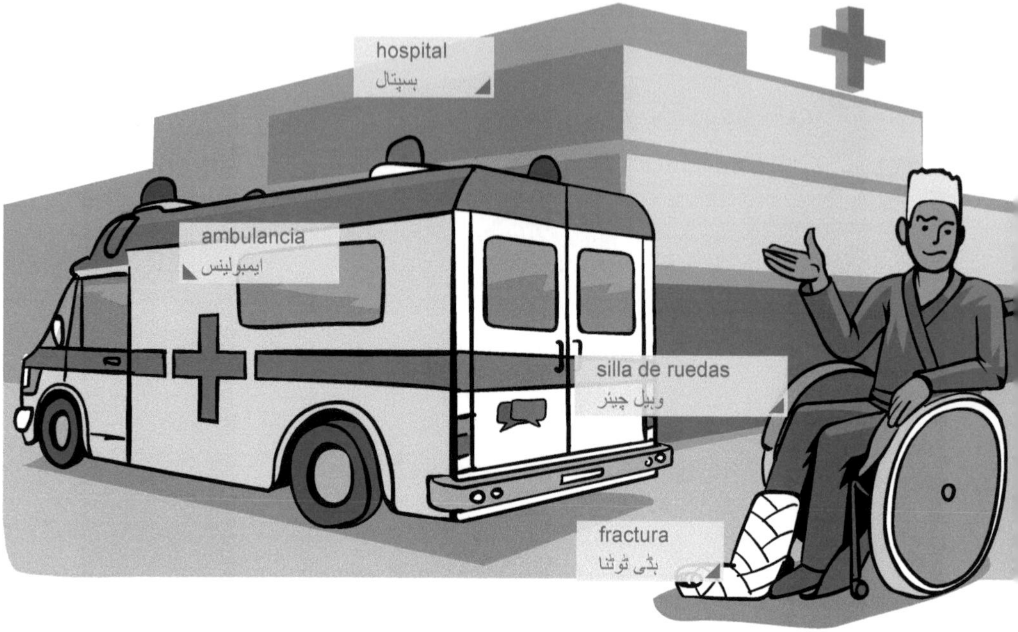

médico
ڈاکٹر

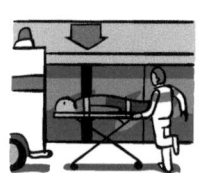

admisión de urgencia
ہنگامی کمرہ

enfermera
نرس

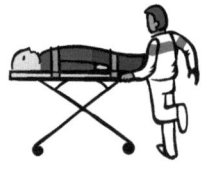

emergencia
ہنگامی صورتحال

inconsciente
بےہوش

dolor
درد

lesión

زخم

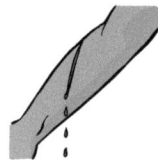

hemorragia

خون بہنا

infarto de miocardio

دل کا دورہ

apoplejía cerebral

فالج

alergia

الرجی

tos

کھانسی

fiebre

بخار

gripe

زکام

diarrea

اسہال

dolor de cabeza

سردرد

cáncer

کینسر

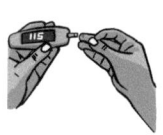

diabetes

ذیابیطس

cirujano

سرجن

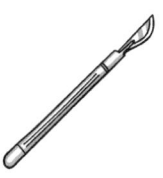

escalpelo

نشتر

operación

آپریشن

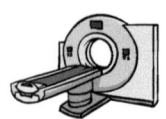

TC

سی ٹی

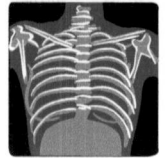

rayos X

ایکس رے

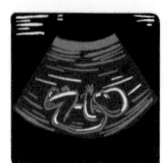

ultrasonido

الٹراساؤنڈ

máscara

چہرے کا نقاب

enfermedad

بیماری

sala de espera

انتظارگاہ

muleta

بیساکھی

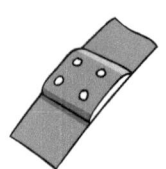

emplasto

پلاسٹر

vendaje

پٹی

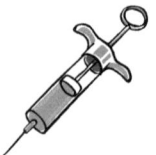

inyección

انجکشن

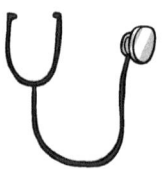

estetoscopio

اسٹیتھواسکوپ

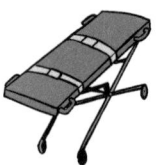

camilla

اسٹریچر

termómetro

مطبی تھرما میٹر

nacimiento

پیدائش

sobrepeso

حد سے زیادہ وزن

audífono

آلہ سماعت

desinfectante

جراثیم کش

infección

انفیکشن

virus

وائرس

VIH / SIDA

ایچ آئی وی/ ایڈز

medicina

دوا

vacunación

ویکسی نیشن

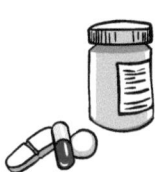

comprimido

گولیاں

píldora anticonceptiva

گولی

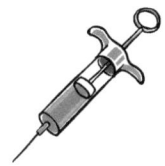

llamada de emergencia

ہنگامی کال

medidor de presión arterial

بلڈ پریشرمانیٹر

enfermo / saludable

بیمار/ صحتمند

emergencia
ہنگامی صورتحال

¡Ayuda!

مدد!

alarma

الارم

asalto

مُجرمانہ حملہ

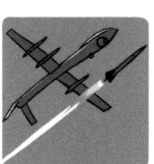

ataque

حملہ

peligro

خطرہ

salida de emergencia

ہنگامی راستہ

¡Fuego!

آگ!

extintor

آگ بُجھانے والہ آلہ

accidente

حادثہ

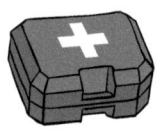

kit de primeros auxilios

ابتدائی طبی امداد کی کٹ

SOS

ایس او ایس

Policía

پولیس

Tierra

زمین

Europa

یورپ

América del Norte

شمالی امریکہ

América del Sur

جنوبی امریکہ

África

افریقہ

Asia

ایشیا

Australia

آسٹریلیا

Atlántico

بحراوقیانوس

Pacífico

بحرالکاہل

Océano Índico

بحرہند

Océano Antártico

بحرقُطب جنوبی

Océano Ártico

بحرقُطب شمالی

Polo Norte

قُطب شمالی

Polo Sur

قُطب جنوبى

Antártida

انٹارکٹیکا

Tierra

زمین

país

زمین

mar

سمندر

isla

جزیرہ

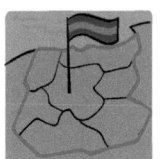

nación

قوم

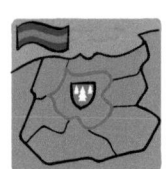

Estado

ریاست

reloj

کلاک

cuadrante

کلاک کا سامنے کا حصہ

horario

گھنٹوں والی سوئی

minutero

منٹوں والی سوئی

segundero

سیکنڈ ہینڈ

¿Qué hora es?

کیا وقت ہوا ہے؟

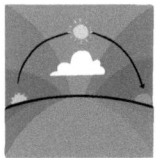

día

دن

tiempo

وقت

ahora

اب

reloj digital

ڈیجیٹل گھڑی

minuto

منٹ

hora

گھنٹہ

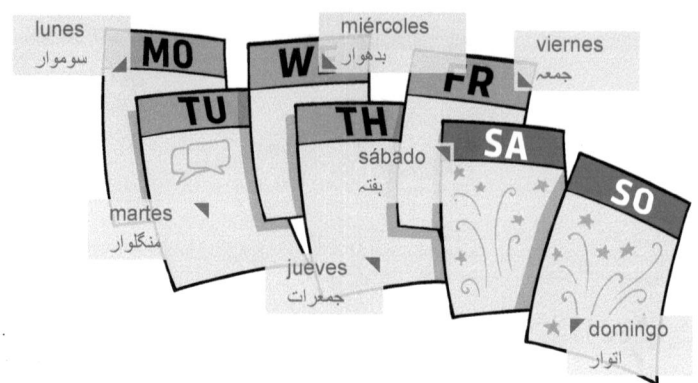

lunes
سوموار

miércoles
بدھوار

viernes
جمعہ

martes
منگلوار

jueves
جمعرات

sábado
ہفتہ

domingo
اتوار

ayer
گزرا کل

hoy
آج

mañana
کل

mañana
صبح

mediodía
دوپہر

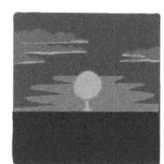

tarde
شام

jornada de trabajo
کاروباری دن

fin de semana
ہفتے کا اختتام

año

سال

lluvia
بارش
arco iris
قوس قزح
viento
ہوا
nieve
برف
primavera
بہار
otoño
خزاں
verano
موسم گرما
invierno
موسم سرما

4.APRIL 11°
5.APRIL 4°
6.APRIL 13°
7.APRIL 8°
8.APRIL 10°

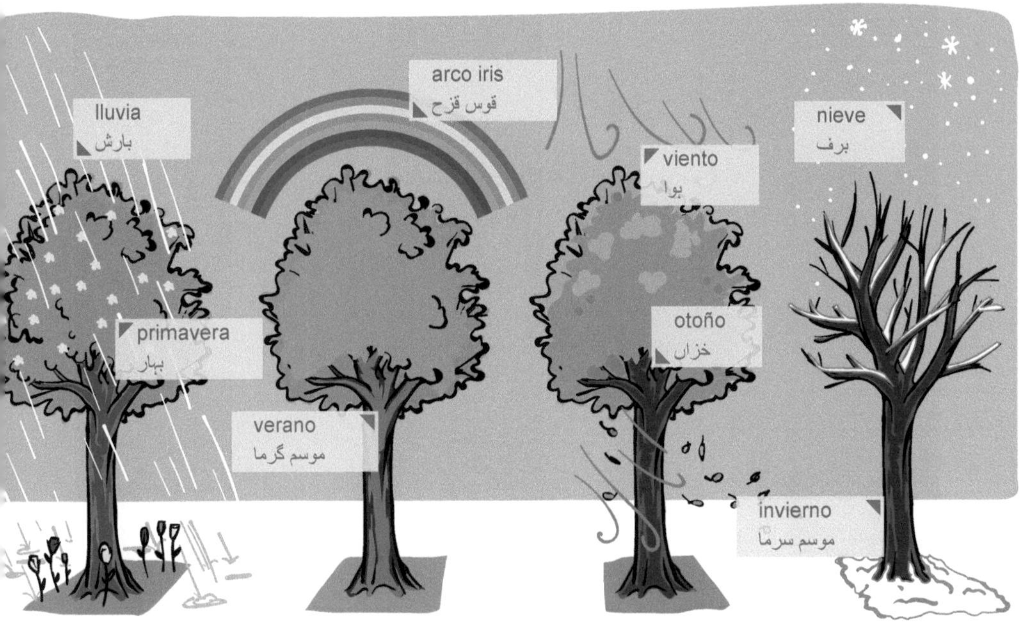

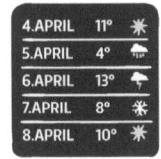

pronóstico meteorológico

موسمی پیش گوئی

F C
120 40
90 30
60 20
30 10
0 0
-30 -10
-20

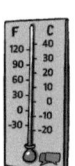

termómetro

تھرما میٹر

luz solar

دھوپ

nube

بادل

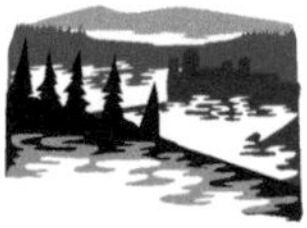

niebla

دُھند

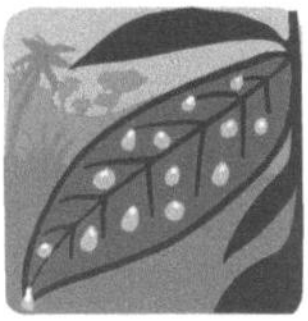

humedad ambiente

حبس

relámpago

بجلی کوندھنا

trueno

بادلوں کی گرج

tormenta

طوفان

granizo

ژالہ باری

monzón

مون سون

inundación

سیلاب

hielo

برف

enero

جنوری

febrero

فروری

marzo

مارچ

abril

اپریل

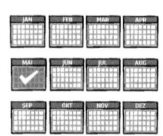

mayo

مئی

junio

جون

julio

جولائی

agosto

اگست

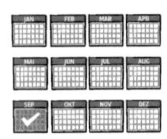

septiembre

....

ستمبر

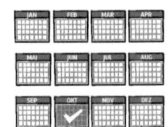

octubre

....

اکتوبر

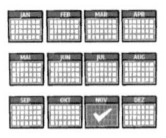

noviembre

....

نومبر

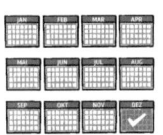

diciembre

....

دسمبر

formas

اشکال

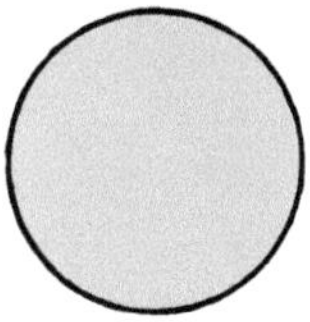

círculo

....

دائره

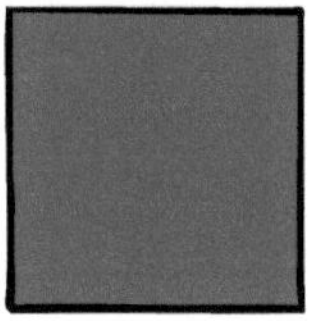

cuadrado

....

چوکور

rectángulo

....

مُستطیل

triángulo

....

تکون

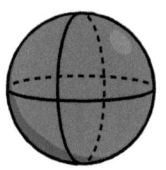

esfera

....

گره

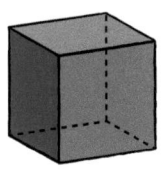

cubo

....

مکعب

colores

رنگ

blanco

سفید

amarillo

پیلا

anaranjado

نارنجی

rosa

گلابی

rojo

سُرخ

lila

جامنی

azul

نیلا

verde

سبز

marrón

بھورا

gris

مٹیالا

negro

سیاہ

mucho / poco

بہت زیادہ / بہت کم

enojado / calmado

ناراض / پُرسکون

bonito / feo

خوبصورت / بدصورت

comienzo / fin

آغاز / اختتام

grande / pequeño

بڑا / چھوٹا

claro / oscuro

روشن / اندھیرا

hermano / hermana

بھائی / بہن

limpio / sucio

صاف / گندا

completo / incompleto

مکمل / نامکمل

día / noche

دن / رات

muerto / vivo

زندہ / مُردہ

ancho / angosto

چوڑا / تنگ

disfrutable / no disfrutable

کھانےکےقابل ہونا / کھانےکےقابل نہ ہونا

malo / amigable

بُرا / اچھا

excitado / aburrido

پُرجوش / بوریت کا شکار

gordo / delgado

موٹا / دُبلا

primero / último

پہلا / آخری

amigo / enemigo

دوست / دُشمن

lleno / vacío

بھرا ہوا / خالی

duro / suave

سخت / نرم

pesado / liviano

بوجھل / ہلکا

hambre / sed

بھوک / پیاس

enfermo / saludable

بیمار / صحتمند

ilegal / legal

غیرقانونی / قانونی

inteligente / tonto

عقلمند / بیوقوف

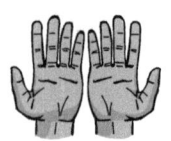

izquierda / derecha

بائیں / دائیں

cercano / lejano

نزدیک / دور

nuevo / usado

نیا / پُرانا

nada / algo

کچھ نہیں / کچھ ہے

viejo / joven

بوڑھا / نوجوان

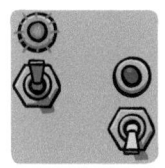

encendido / apagado

آن / آف

abierto / cerrado

کُھلا / بند

bajo / fuerte

خاموش / بُلند آواز

rico / pobre

امیر / غریب

correcto / incorrecto

ٹھیک / غلط

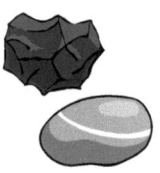

áspero / liso

کھُردرا / ہموار

triste / alegre

افسردہ / خوش

breve / extenso

مُختصر / طویل

lento / veloz

آہستہ / تیز

mojado / seco

گیلا / خُشک

caliente / frío

گرم / ٹھنڈا

guerra / paz

جنگ / امن

0
cero
صفر

1
uno
ایک

2
dos
دو

3
tres
تین

4
cuatro
چار

5
cinco
پانچ

6
seis
چھ

7
siete
سات

8
ocho
آٹھ

9
nueve
نو

10
diez
دس

11
once
گیارہ

12	13	14
doce باره	trece تیره	catorce چوده
15	16	17
quince پندره	dieciséis سولہ	diecisiete ستره
18	19	20
dieciocho اٹھاره	diecinueve اُنیس	veinte بیس
100	1.000	1.000.000
cien سو	mil ہزار	millón دس لاکه

idiomas

زبانیں

inglés

انگریزی

inglés estadounidense

امریکی انگریزی

chino mandarín

چینی مینڈارین

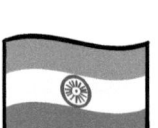

hindi

ہندی

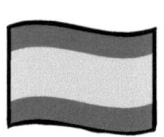

español

ہسپانوی

francés

فرانسیسی

árabe

عربی

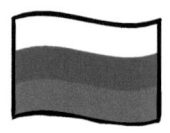

ruso

روسی

portugués

پُرتگالی

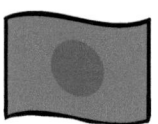

bengalí

بنگالی

alemán

جرمن

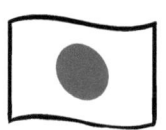

japonés

جاپانی

quién / qué / cómo

کون / کیا / کیسے

yo

میں

tú

تم

él / ella

وہ (لڑکا) / وہ (لڑکی) / یہ

nosotros

ہم

vosotros

تم

ellos

وہ

¿quién?

کون؟

¿qué?

کیا؟

¿cómo?

کیسے؟

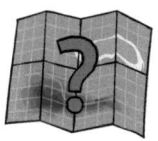

¿dónde?

کہاں؟

¿cuándo?

کب؟

nombre

نام

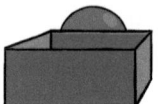

detrás

پیچھے

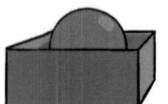

en

میں

delante de

کےسامنے

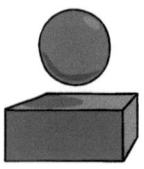

encima de

اوپر

sobre

پر

debajo de

نیچے

junto a

ساتھ

entre

درمیان

lugar

جگہ